AF452379

Coopération et Pacification

BIBLIOTHÈQUE PACIFISTE INTERNATIONALE

Coopération

et

Pacification

PAR

J. PRUDHOMMEAUX

Agrégé de l'Université

Secrétaire de l'Association de la Paix par le Droit

PARIS (5e)

V. GIARD & E. BRIÈRE

LIBRAIRES-ÉDITEURS

16, Rue Souflot et rue Toullier, 12

1904

Coopération et Pacification

I

Le rôle le plus élevé et le bonheur le plus enviable pour l'homme, c'est de prendre conscience des
grandes lois qui gouvernent le monde, afin de s'y
soumettre avec joie et d'y adapter son action de
chaque jour. Avoir la certitude que l'on travaille
dans le sens vrai des lois des choses, que l'activité
qu'on déploie, si humble qu'elle soit, concourt à
l'harmonie universelle, que l'on est un exécutant
infime, sans doute, mais dont la musique ne détonne
pas dans l'éternelle symphonie de l'univers, peut-il
y avoir satisfaction plus haute et plus pure?

Or il existe un certain nombre d'esprits (et ce
nombre s'accroît sans cesse) qui pensent que la
paix a pour elle l'avenir, que le monde va à la paix
et qu'en conséquence servir la paix, hâter la venue

de son règne, ce n'est pas essayer de remonter le courant de ce qui doit être, mais c'est agir comme le batelier qui, pour arriver plus vite au port, ajoute l'impulsion de sa rame à celle qu'il reçoit de la pente naturelle des eaux.

Mais cette conviction, si profonde qu'elle soit, a besoin pour être communicable à d'autres esprits, de s'appuyer sur des réalités qui la justifient objectivement. Découvrir ces réalités et en répandre la connaissance, voilà le but de la propagande pacifique.

Pour quiconque préfère aux déclamations purement sentimentales contre la guerre les démonstrations positives, il n'est pas de terrain plus favorable que celui des faits économiques. Les esthètes qui admirent la beauté farouche de la guerre, les esprits religieux qui y voient une conséquence du péché originel, les historiens pour qui le passé de l'humanité n'offre que batailles et massacres, peuvent bien croire que la guerre est un mode inéluctable des relations humaines : l'économiste ne le peut pas, surtout s'il essaie de dégager de l'étude attentive du passé et du présent l'orientation future de l'humanité.

A suivre cette méthode, les pacifistes trouveront de réels avantages. Beaucoup d'entre eux sont

d'accord sur ce point qu'il est une certaine manière
de défendre leur cause à laquelle ils doivent à tout
jamais renoncer. Ils sont en quête de résultats
pratiques et ils veulent qu'on les prenne au sérieux.
Ils doivent donc abandonner une bonne fois ce
qu'on pourrait appeler la propagande *dans le bleu*,
celle qui dédaigne le terre-à-terre des faits pour se
perdre dans la sphère éthérée des sentiments, celle
qui croit avoir tout gagné quand elle s'est épanchée
en diatribes contre l'horreur des champs de bataille
ou en évocations idylliques des bienfaits de la paix.
La guerre est un fléau qui a des causes, les unes
prochaines et facilement saisissables, les autres
profondes et moins accessibles. C'est à la recherche
scientifique de ces causes, c'est à leur élimination ou
à leur transformation patiente que les amis de la
paix doivent s'employer.

II

Eh! bien, analysons les faits tels que l'histoire
sérieusement interrogée nous les présente. Nous
verrons que, dans le passé aussi bien qu'aujour-
d'hui, les guerres ont été déchaînées par des conflits

d'appétits et d'intérêts. C'est l'intérêt qui mène la politique internationale, ou, pour mieux dire, le chaos de pratiques tour-à-tour perfides ou violentes que l'on décore de ce nom. Sans doute, à ce mobile principal peuvent s'ajouter des considérations accessoires. On a vu des peuples ou des monarques faire la guerre parce que leur amour-propre avait été blessé, parce qu'ils ambitionnaient la gloire des armes, parce qu'ils avaient le désir d'imposer à des vaincus une civilisation ou une religion qu'ils croyaient supérieure; mais c'étaient là des raisons secondaires. Disons mieux : le plus souvent, ce n'étaient que des prétextes, témoin ce prétendu droit des races supérieures sur les races inférieures qui a fourni tant de déclamations hypocrites à nos hommes d'Etat colonisateurs.

Assurément, ces suggestions brutales de l'égoïsme et de l'intérêt se heurtent chez les hommes civilisés à des impératifs de la conscience morale. Mais le duel de l'intérêt et de la morale ne se prolonge pas longtemps : en règle générale, c'est la morale qui succombe, même chez les peuples où cette morale semble abritée par l'invincible bouclier de la foi religieuse. Il s'agit ici, remarquons-le bien, des nations ou des gouvernements, et non des individus.

Ils sont relativement nombreux, nous le savons, les citoyens qui, dans la vie privée, sacrifient leur intérêt à leur devoir. Ils sont nombreux ausssi les hommes qui, jugeant la conduite de leur patrie comme ils jugeraient celle d'une *personne*, savent la condamner hautement quand elle est injuste, et même souffrir dans leurs biens ou dans leur liberté pour affirmer leur réprobation. Mais il n'est, je crois, pas d'exemple qu'un peuple tout entier, dans ses rapports avec un autre peuple, ait préféré à l'intérêt pur l'absolue justice. Lorsqu'il a paru se ranger au parti de la justice, c'est que l'intérêt encore, un intérêt d'abord méconnu, puis mieux compris, l'a engagé à renoncer à la violence. En 1872, l'Angleterre consentait à soumettre l'affaire de l'*Alabama* à l'arbitrage; quelque temps après, elle versait très galamment une indemnité de 77 millions de francs aux Etats-Unis. Ce faisant, elle donnait, certes, un bel exemple au monde : mais sa sagesse n'était, si l'on réfléchit au prix de revient d'une grande guerre, que de l'intérêt bien entendu. Sur ce point, hélas! les gouvernements ne valent pas mieux que les peuples, parce qu'ils en sont la fidèle image, étant sortis d'eux. Un ministre peut bien, en tant que simple particulier, être le plus scrupuleux et le plus

généreux des hommes. En tant que *fondé de pouvoirs* d'une nation, il ne le peut pas. En l'appelant
au ministère, on lui a confié des intérêts à sauvegarder, non des principes de morale à mettre en
action : il doit donc, et avant tout, faire triompher
les intérêts dont il a la charge, même au moyen de
la ruse et de l'injustice. Aussi voit-on tous les jours
des gouvernants personnellement honnêtes prêter
la main sans le moindre remords à la plus malhon-
nête des politiques.

Ces vérités si évidentes, et qu'il serait facile
d'illustrer par tant d'exemples douloureux, ne doivent ni nous surprendre, ni nous indigner. Elles
sont vieilles comme l'humanité même. N'est-ce pas
l'opposition des intérêts qui met la brouille dans les
familles ? N'est-ce pas l'inégale répartition des biens
qui arme les uns contre les autres les citoyens d'un
même pays et les classes d'une même société ? Ne
sait-on pas qu'en dépit des juges institués pour
régler les procès et de la police chargée de mainte-
nir l'ordre, le crime et l'émeute existent à l'état
endémique, en quelque sorte, même chez les nations
les plus civilisées ? En 1894, il se produisit à Lyon,
au lendemain de l'assassinat du président Carnot,
un relâchement de la compression sociale, suite

assez naturelle de l'abattement et de la stupeur de tous et surtout des autorités responsables qui n'avaient pas su prévoir l'évènement. Aussitôt l'on vit sortir d'on ne sait quels repaires des êtres sinistres qui se reconnurent instantanément, se formèrent en bandes et se ruèrent au pillage des magasins. Comment les États ne seraient-ils pas menacés pareillement par les coups de force du banditisme international, eux qui n'ont encore, à proprement parler, ni juges, ni codes, ni gendarmes pour régler leurs différends? On a beau appeler politiques, dynastiques, diplomatiques, etc., suivant les cas, les causes des guerres : au fond, toutes ces causes sont d'ordre économique. Les peuples d'autrefois se battaient parce que leurs souverains étaient divisés sur des questions d'héritage; ceux d'aujourd'hui se battent pour conquérir des marchés. Les apparences changent avec les époques, mais les mobiles sont identiques : il s'agit toujours de s'enrichir en appauvrissant autrui.

Soit, dira-t-on; cela est vrai pour ceux qui sont les auteurs de la guerre; cela n'est pas vrai pour ceux qui la font. On sait en effet qu'il est de mode de célébrer pompeusement le désintéressement du soldat, ce martyr qui se bat et qui meurt pour de pures idées d'honneur ou de gloire. Eh! bien, écoutez le héros d'Homère : « Par má lance, je suis roi; par elle, je sème et je récolte. » Que veut-il dire par là, sinon que le « métier de Mars » est bien pour lui un *métier* et qui lui rapporte gros? Plus près de nous, écoutez Bonaparte lançant ses soldats affamés et en guenilles sur l'Italie. Il évoque devant leurs yeux éblouis les grasses plaines de la Lombardie, les bas de laine lourds d'écus, les greniers et les tonneaux bien remplis, et il ajoute : « Soldats, manquerez-vous de cœur? » Devenu empereur, ce n'est pas avec de la gloire seulement qu'il paye ses maréchaux, ni même avec des titres nobiliaires; c'est avec de beaux et bons titres de rente ou de propriété. Mais ne remontons pas si loin. Il y a deux ans à peine, le Parlement anglais ne votait-il pas à lord Roberts, retour du Transvaal, une dotation nationale de deux millions? Voilà quelques mois de campagne bien payés! Et ce n'est pas seulement le général qui trouve du profit à la guerre, c'est aussi l'officier subalterne, qui compte bien en rapporter la croix par laquelle s'augmentera sa maigre solde; c'est le jeune lieutenant. qui ne rêve que batailles parce que son avancement est à ce prix; c'est le sergent, qui demande à faire campagne

pour se créer des droits à une retraite ou à un
emploi. Dans la torpeur de la vie de garnison, ce
sont ces aubaines de la guerre qui font travailler
les imaginations. Assistez à une « théorie » sur le
service des armées en campagne : vous verrez
l'intérêt s'éveiller ét les yeux briller de convoitise,
quand le sergent en viendra à parler du droit au
butin et du partage des prises faites sur l'ennemi.
Nos grandes capitales sont fières des richesses que
contiennent leurs musées, mais l'acquisition de la
plupart de ces chefs-d'œuvre a une histoire secrète
qu'il faudrait demander aux diplomates ou aux
généraux conquérants, de lord Elgin au général
Frey.

Telles sont quelqués-unes des raisons, fort pro-
saïques, il faut en convenir, qui expliquent les
guerres modernes. Celles du temps jadis n'étaient
pas moins intéressées. Les croisés partis au cri de
« Dieu le veut ! » oubliaient vite leur saint enthou-
siasme pour se charger d'or à Constantinople ou se
tailler des duchés en Asie-Mineure. Les chevaliers du
Nord marchant contre les Albigeois criaient bien
haut qu'ils allaient exterminer l'hérésie, mais au
fond, ce que voulaient ces bons chrétiens, c'était
piller les opulentes cités du Midi. Ils étaient bons

chrétiens aussi, ces riches planteurs de l'Amérique du Nord qui, après avoir dépeuplé systématiquement pendant un siècle les côtes de l'Afrique par leurs féroces razzias d'esclaves, n'hésitèrent pas, lors de la guerre de sécession, à mettre leur patrie à feu et à sang, pour conserver l'esclavage, institution économique odieuse, mais profitable. Périssent la religion, la conscience et l'humanité, plutôt que la culture du coton ! Voilà quel était leur mot d'ordre quand ils se jetaient sur leurs frères du Nord, et cette lutte impie restera comme le plus frappant exemple de la défaite qui attend la morale lorsqu'elle est en conflit avec de puissants intérêts.

Avec cette guerre de sécession, nous sommes en pleine histoire contemporaine. A mesure que nous nous rapprochons du siècle qui commence, nous voyons la guerre s'affirmer avec une brutalité de plus en plus cynique comme une entreprise de lucre, à l'origine de laquelle il serait facile de découvrir les combinaisons louches de l'homme d'état concussionnaire, du fournisseur cupide ou du financier véreux. Il suffira de rappeler les évènements, sans se mettre en peine de leurs origines, dont l'immoralité, dès à présent pressentie par les plus clairvoyants, finira bien par éclater un jour aux yeux de tous. La guerre

de l'opium, le dépeçage systématique de l'Afrique et
de l'Asie, la guerre des Philippines, la guerre du
Transvaal, l'expédition de Chine, tel est le bilan
d'un demi-siècle de rapine internationale. En ce moment même, c'est la guerre russo-japonaise qui jette
les unes sur les autres, de Vladivostock à Séoul, des
flottes formidables et des armées de plusieurs centaines de mille hommes, pour des raisons que l'on
ose à peine se dire à l'oreille dans les ambassades.
Ne fallait-il pas procurer de nouvelles commandes
aux grandes sociétés minières et métallurgiques du
Volga, que les énormes droits d'empire réduisent à
la seule clientèle intérieure ou plus exactement gou-
vernementale, et que l'achèvement du Transsibérien
menaçait de plonger dans le marasme ? Ne fallait-il
pas assurer à tout prix à un Bezobrazoff une immense concession forestière en Corée, pour plaire à
l'impératrice douairière et à sa dame d'honneur,
intéressées dans l'entreprise pour plusieurs millions
de roubles ? Vraies ou fausses, voilà de quel ordre
sont les raisons qu'allèguent ceux que l'on dit bien
informés, quand ils veulent expliquer les modernes
conflits de peuples et de races ! Nous consolerons-
nous en pensant que la plupart de ces guerres mau-
dites coûtent moins de sang pour ne pas dire moins

d'argent que les grandes guerres européennes d'autrefois ? Peut-être, mais remarquons que cette observation vient à l'appui de notre thèse. Oui, les guerres de notre temps sont surtout *coloniales*, parce qu'à présent plus que jamais la guerre est une *affaire* dont l'actif et le passif peuvent, en dépit des aléas inévitables, se calculer d'avance. A exterminer de pauvres sauvages, les peuples civilisés courent peu de risques pour un gain énorme, tandis que s'ils se battaient entre eux, l'inconnu serait formidable, et le vainqueur se retirerait de la lutte aussi affaibli que le vaincu.

III

Fort bien, dira-t-on, mais les plus vertueuses indignations du monde ne sauraient prévaloir contre la dure nécessité. Il s'agit pour les nations de s'assurer les débouchés déjà existants ou de se créer des débouchés nouveaux. La conquête des marchés mondiaux apparaît à certaines d'entre elles comme une question de vie ou de mort. C'est parce qu'il en est ainsi que les guerres de ces trente dernières an-

nées ont été des guerres d'*affaires*, et c'est aussi
pour cette raison que les guerres à prévoir dans un
avenir plus ou moins lointain auront pour origine
les chocs amenés sur divers points du globe par la
concurrence internationale, extension ou, si l'on
veut, aggravation de la concurrence individuelle.

Le problème qui se pose devant nous est alors
celui-ci : Pourquoi les peuples civilisés sont-ils
contraints de se créer coûte que coûte de nouveaux
débouchés ? L'Europe regorge-t-elle de richesses ?
Chaque Anglais, chaque Français, chaque Allemand
a-t-il à sa disposition plus de biens qu'il n'en peut
consommer ? Hélas, non ! Nous savons tous que la
somme des besoins à satisfaire est infiniment supérieure à celle des besoins satisfaits. Il y a encore à
côté de nous, parmi ceux de nos semblables que
nous coudoyons tous les jours, des pauvres et des
affamés. « En France, six millions d'hommes sur
» trente-huit ne mangent presque jamais de pain de
» blé. Vingt-cinq millions de Français ne mangent
» presque jamais de viande. Et cependant, la France
» est un des pays les plus riches de la terre, un de
» ceux où la consommation de la viande est la plus
» forte (32 kilogr. par tête et par an). Que dire de
» l'Italie dont la consommation (12 kilogr. par tête

» et par an) est presque trois fois moindre ? » (1) Admettons que les chiffres qui précèdent expriment un état de choses déjà ancien et que la situation se soit améliorée : niera-t-on malgré l'évidence qu'il n'y ait encore beaucoup d'estomacs en quête de nourriture, de membres dépourvus de vêtements et de pieds sans souliers ? A quoi bon dès lors aller chercher si loin des « consommateurs » quand on a autour de soi tant de gens qui seraient enchantés de le devenir? Pourquoi nous expatrions-nous au bout du monde pour contraindre à coups de fusil une clientèle rebelle, quand une clientèle bénévole nous attend à notre porte ? C'est ici que, saisissant sur le vif les effets de notre déplorable régime économique, nous voyons le problème international se révéler à nous comme un aspect du problème social.

Chez les peuples civilisés, la richesse — et nous pouvons en l'espèce la définir : le pouvoir d'acheter, donc de consommer — est très inégalement répartie. Une minorité de citoyens en détient une part hors de proportion avec son nombre. Si variés et si raffinés que soient les besoins de ces quelques privilégiés, leur puissance d'achat dépasse considéra-

(1) BOURDEAUX : *Histoire de l'Alimentation.* — Cité par J. Novicow : *La Fédération de l'Europe*, p. 10.

blement leur capacité de consommation. On a beau
être millionnaire, on ne peut pas absorber plus d'une
certaine quantité de nourriture. ni utiliser un nombre illimité de vêtements. D'un autre côté, la masse
des humbles, des travailleurs manuels, qui représente une puissance de consommation formidable,
ne reçoit sous forme de salaires qu'une part insuffisante de la richesse produite. Elle n'a donc qu'un
pouvoir d'achat, c'est-à-dire de consommation, assez
restreint. Les uns pourraient acheter des produits,
et ils ne le font pas parce que leur possibilité de
consommer est très-faible, de par leur petit nombre
même ; les autres. étant très-nombreux. pourraient
consommer beaucoup, et ils ne le font pas, parce que
leur capacité d'acheter est très-limitée. De là, avec
le machinisme moderne, des accumulations de produits qu'il faut exporter coûte que coûte pour leur
trouver, en Afrique, en Chine ou ailleurs, des consommateurs.

En second lieu. la production et la consommation,
en état de complète anarchie, s'ignorent l'une l'autre.
On produit sans être certain que l'objet répond à un
besoin et qu'il trouvera un acheteur. On compte sur
un hasard heureux, sur l'influence d'une publicité
bien faite ou d'une réclame forcenée, sur la mode.

Mais agir ainsi, c'est s'embarquer dans la nuit noire sans voile, sans gouvernail et sans boussole. Les prévisions les plus sages se trouvent souvent démenties, les créations les plus heureuses restent pour compte à leurs inventeurs. De là encore des stocks de produits défraîchis dont il faut bien débarrasser les rayons, des marchandises invendues qu'il faut bien écouler quand même, tandis que des objets nécessaires sont fabriqués en quantité insuffisante, ce qui en fait augmenter le prix d'une façon anormale et artificielle.

Cette ignorance réciproque de la consommation et de la production amène une concurrence tout à la fois désordonnée et acharnée, brutale et chaotique. Un fabricant s'est outillé pour jeter sur le marché des quantités considérables d'un produit donné. Mais le concurrent du pays voisin (parce que la main d'œuvre y est moins chère, les impôts moins lourds, etc.) est arrivé à livrer le même produit quelques centimes meilleur marché. C'en est fait : pour le premier fabricant, la lutte est impossible en Europe. Il ne lui reste plus, pour éviter la faillite, qu'à porter son effort sur deux points : 1º obtenir de son gouvernement des tarifs protecteurs capables de lui assurer le marché national, puisque le marché international lui est désormais fermé ; 2° pousser son pays aux expéditions coloniales et aux conquêtes qui lui procureront, hors d'Europe, des débouchés nouveaux.

N'envisageons, puisque notre sujet le veut ainsi, que cette seconde hypothèse. Avant de réclamer sa « guerre », notre industriel examine les avantages et les inconvénients de l'entreprise, son *actif* et son *passif*.

Que risque-t-il si son pays entreprend la guerre de conquête ?

a) Les dépenses de l'expédition ? Elles seront supportées par le pays tout entier. L'augmentation d'impôts qui en résultera pour lui personnellement sera donc minime en comparaison des bénéfices qu'il espère.

b) Les pertes en vies humaines que toute guerre entraîne nécessairement ? Elles retomberont exclusivement sur l'armée nationale, à l'exception des fils de la bourgeoisie que leur séjour d'un an sous les drapeaux (1) exempte du service colonial, c'est-à-

---

(1) Le service de deux ans que l'on nous promet sera une entrave sérieuse aux expéditions lointaines, s'il introduit dans la loi l'égalité sincère de tous devant le service colonial. Au contraire, la création d'une armée coloniale distincte aurait le tort grave de mettre dans la main des gouvernants un instrument de conquête toujours prêt.

dire qu'elles frapperont les seuls enfants du peuple arrachés par le militarisme à l'atelier ou à la charrue.

Au total, l'affaire se présente *bien* pour notre personnage : les chances de pertes qu'elle comporte sont infimes, tandis qu'elle peut offrir à la pacotille, aux rails, aux cotonnades, aux alcools un placement magnifique. Et comment s'y prendre pour aboutir ? Les moyens ne manquent pas et l'effet en est sûr. La presse est là, toujours complaisante à qui sait la persuader par de bons arguments. Quant au Parlement, il ne résiste guère, pas plus que l'opinion publique, au prestige de certains mots sonores employés à propos : l'expansion nationale, le patriotisme bien entendu, la mission civilisatrice de la France... Ajoutez à cela un de ces hasards heureux que l'on provoque au besoin, par exemple l'excès de zèle d'un officier explorateur en peine d'avancement, et voilà la conquête décidée en principe. Commencée dans le mystère, grâce au système des « petits paquets », un moment vient vite où elle se poursuit à grand renfort d'hommes et de millions. Ce jour-là, notre marchand rit dans sa barbe, tout à fait rassuré : son affaire est bonne, puisque le drapeau tricolore est engagé !

Gardons-nous d'ailleurs d'attribuer à notre seul

pays le monopole de cette politique. Tous la pra-
tiquent à leur heure. Ce sont les négociants anglais
qui jadis réclamèrent les guerres de 1839 et de 1860
contre la Chine. De nos jours, nous avons vu les
chambres de commerce françaises appuyer énergi-
quement l'expédition de Tunisie, puis celle de Mada-
gascar, de puissants syndicats d'agioteurs se créer aux
Etats-Unis pour exiger la « délivrance » de Cuba et
des Philippines, et, en Angleterre, M. J. Chamberlain,
armateur, transporter au Transvaal les armes et les
vivres commandés par M. J. Chamberlain, ministre.
Même les nations que l'on croyait les plus géné-
reuses sont devenues la proie de ce mercantilisme.
Que le sultan lèse dans leurs intérêts quelques
financiers cosmopolites : aussitôt la France rappelle
son ambassadeur et mobilise sa flotte (affaire des
quais de Constantinople). Mais que ce même sultan
massacre 300.000 Arméniens, la France et l'Europe
ferment les yeux.

Peut-être trouvera-t-on que ce tableau a été assom-
bri à dessein et pour les besoins de la cause. On
devra cependant en reconnaître l'exactitude si l'on
réfléchit à l'état d'âme que créent chez l'industriel
ou chez le trafiquant moderne les conditions de la
lutte sans trève et sans merci dans laquelle ils sont

engagés. Le commerce et la production, nous l'avons montré plus haut, courent des aléas sans nombre. Ce sont, dans toute la force du terme, des *jeux de hasard*, et ceux qui s'y livrent sentent peu-à-peu s'éveiller en eux la passion du joueur. Le fabricant ou le négociant expose non seulement son temps et sa peine, mais aussi son capital, qui n'est parfois qu'un capital d'emprunt. S'il perd la partie, c'est son bailleur de fonds qui paiera ou c'est le fournisseur qui lui a livré des marchandises à crédit. Quant à lui, il ira chercher ailleurs un nouvel enjeu : ne cite-t-on pas des *businessmen* qui comptent leurs faillites comme les vieux guerriers comptent leurs campagnes ? S'il gagne, c'est lui, le joueur heureux, qui encaissera tous les profits. *Il faut donc gagner à tout prix.* Aussi ce qu'on est convenu d'appeler le grand commerce et la grande industrie ne sont-ils, le plus souvent, que de la spéculation pure. On tente des coups de bourse sur les soies, sur les laines, sur les grains, tout comme sur les valeurs de banque. Et alors, qu'importe à ces joueurs possédés par la fièvre la santé de quelques régiments ou la vie de quelques milliers de nègres ? Hurrah pour Jameson si son *raid* fait monter les actions, et tant pis pour les Chinois si le chemin de fer dont on les gratifie malgré eux éparpille à tous les vents les cendres de leurs ancêtres ! Voilà, dans tout son triste jour, la mentalité de l'homme d'affaires. Allons maintenant du particulier au général. Comment une nation où la grande industrie et le haut commerce sont aux mains de spéculateurs cupides pourrait-elle avoir le souci du droit et le respect de l'humanité ? Un peuple n'est après tout qu'une collection d'individus, et il vaut moins dans son ensemble, nous le savons, que chacune des unités qui le composent. Les particuliers peuvent garder quelques scrupules ; les gouvernements n'en ont pas. C'est pourquoi nous voyons se couvrir de honte, dans des guerres impies, des nations qui jusqu'alors avaient fait grande figure dans le monde. Le développement prodigieux de leur commerce et de leur industrie les a perdues. Emportées par la passion du succès à tout prix, elles sont allées jusqu'à la guerre, c'est-à-dire jusqu'au crime.

IV

Si les considérations qui précèdent sont fondées, elles dictent leur devoir aux amis de la paix. L'ordre international nouveau qu'ils attendent ne s'établira pas de lui-même. Ne comptons pas trop non plus sur des interventions imprévues et sur des maniè-res de miracle. On allèguera sans doute un précé-dent fameux. Mais il n'est pas au pouvoir d'un sou-verain, si magnanime qu'on le suppose, de « déclarer la paix au monde », pour parler comme Michelet, et surtout de l'imposer par des institutions dont les débuts ne peuvent être que précaires, parce qu'elles sont en avance sur l'état des esprits. Ce n'est pas nous, certes, qui médirons de la Cour de la Haye. Mais il faut bien constater qu'au moment même où nous écrivons, son initiateur a engagé son pays dans une guerre qui s'annonce comme devant être longue et meurtrière, sans qu'il ait paru un seul moment se souvenir que l'honneur d'avoir créé l'instrument juridique impliquait pour lui l'obliga-tion morale d'y recourir. Non, ce n'est pas d'en haut et du dehors, en quelque sorte, qu'on insti-tuera l'ère sans violence, c'est en créant chez tous les hommes, chez les plus humbles comme chez les plus grands, une *âme pacifique.* Cette âme pacifique, il sera bon sans doute de l'éveiller chez l'enfant par tous les moyens, par l'enseignement de l'église, de la famille et de l'école aussi bien que par l'exemple. Mais tout ce travail préparatoire sera vain si, arrivé

à l'âge où l'on quitte l'abri familial, celui que vous
aurez ainsi formé s'aperçoit que dans le monde
nouveau où il entre, la guerre, individuelle ou collective, est, de par l'état économique ou social, une
fatalité. Déjà. s'il sait réfléchir, il aura pu recueillir
à chaque page de son livre d'histoire d'étranges
révélations sur l'humanité vraie. Mais que sera-ce
lorsqu'il se verra jeté en pleine réalité ? De ce conflit perpétuel. « qui dans nos sociétés met aux prises
le vendeur et l'acheteur, le propriétaire et le loca-
taire, le prêteur et l'emprunteur, l'entrepreneur et
l'ouvrier » (1), il subira pour son compte ou il infli-
gera aux autres. suivant son tempérament ou sa
situation sociale, les conséquences douloureuses ou
dégradantes. Il constatera en témoin, pour ne pas
dire en complice, les détestables résultats de cet
antagonisme des intérêts, « les falsifications de
» marchandises, les mensonges commerciaux,... le
» marchandage, la spéculation éhontée, la concur-
» rence acharnée. la lutte pour la vie, la guerre au
» couteau et ce « malheur aux vaincus » qui est
» devenu aujourd'hui le seul droit économique. » (2)

(1) *La Coopération*, conférences de propagande, par Ch.
Gide, p. 96.
(2) *Ibid*, même page.

Il comprendra alors que la guerre internationale, sous la forme essentiellement économique qu'elle revêt aujourd'hui. loin d'être une sorte de survivance accidentelle et monstrueuse du passé, n'est que l'épanouissement et comme l'explosion dernière de tous les mécontentements individuels accumulés, de toutes les ambitions personnelles réfrénées et de tous les appétits particuliers inassouvis.

Une tâche immense s'impose donc à ceux qui veulent la paix entre les peuples, c'est de réaliser des conditions économiques telles que *les hommes aient tout à gagner par la paix, tout à perdre par la guerre*. Il faut, en d'autres termes, établir l'accord des intérêts humains. les rendre convergents et solidaires. L'œuvre, assurément, dépasserait nos forces si, pour l'accomplir, nous ne pouvions compter que sur nous-mêmes. Heureusement nous avons pour nous l'évolution de l'humanité et le cours même des choses.

On nous saura gré de ne pas énumérer tous les symptômes, d'ailleurs bien connus, de cette marche naturelle des sociétés humaines vers l'interdépendance et la solidarité. Le goût de plus en plus répandu des voyages. la diffusion des principales langues vivantes, l'identification croissante, par dessus les frontières, des besoins, des habitudes et des mœurs, l'existence d'un art, d'une science, d'une littérature, d'une législation dont le caractère nettement international va sans cesse en s'affirmant, l'effort même de certains esprits timorés dans chaque pays pour donner au particularisme national qu'ils sentent en péril une allure plus agressive, voilà, pour n'en pas citer d'autres, les signes révélateurs d'une évolution d'autant plus irrésistible que les causes et les effets dont elle résulte s'engendrent et se renforcent mutuellement (1).

Mais ce sont là des vérités banales. Qu'on nous permette en revanche d'insister quelque peu, pour aider à la suite de notre démonstration, sur le côté spécialement économique du sujet. Nos auteurs à la mode n'ont que trop souvent étudié sur la scène et dans le roman cette société cosmopolite qui promène d'Ostende à Venise et de Monte-Carlo à Interlaken sa tapageuse inutilité. Mais ce n'est pas seulement l'oisiveté qui s'internationalise, c'est aussi le travail, et la portée de ce fait est considérable. Si nous l'examinons de plus près, nous verrons qu'il revêt

(1) Il est évident par exemple que le confort toujours plus grand des moyens de locomotion est à la fois la cause et l'effet de la multiplication des voyages.

1

trois aspects différents, suivant que le travail existe
à l'état d'épargne, qu'il se trouve réalisé sous forme
de produits, ou qu'il n'est encore qu'en puissance,
dans les bras et dans le cerveau du travailleur.
Dans ce dernier cas, c'est par la circulation des per-
sonnes que le travail se *dénationalise*. Tantôt l'ouvrier se transporte dans les pays où il espère trouver
des conditions de vie meilleures avec l'intention de
s'y établir définitivement : c'est l'émigration. Bor-
nons-nous, pour établir son importance sociale, à
rappeler qu'elle a transformé en moins de trois
siècles les deux Amériques et l'Australie et qu'elle
aborde actuellement la conquête des continents qui
lui étaient jusqu'alors fermés. Tantôt le travailleur
se loue pour une besogne déterminée, construction
d'une voie ferrée ou percement d'un isthme, puis
revient au pays natal. Quelquefois même, lorsque
la nature du travail le comporte, cette émigration
passagère a lieu périodiquement. L'exemple des
Belges, que l'époque de la moisson ramène dans les
fermes du Nord de la France, ou des Italiens, attendus chaque été sur les côtes du Languedoc pour la
récolte du sel, n'a rien qui doive nous surprendre ;
il tend même à devenir la loi toutes les fois qu'un
pays riche a pour voisin un pays pauvre ou sur-
peuplé.

Lorsqu'il s'agit non plus du travail *virtuel*, mais du travail *réalisé*, c'est-à-dire des produits, l'intercommunication des nations civilisées, en principe, ne connaît pas d'autre obstacle que celui qui peut provenir de la perfection plus ou moins grande des moyens d'échange et de transport. Cela est vrai surtout pour les marchandises dont la consommation est permanente et universelle : l'énorme extension des besoins a amené l'extension parallèle des organes destinés à les satisfaire. Aussi voit-on quelques centres de vente ou de production imposer leurs prix au globe tout entier. Chacun de nous peut lire tous les matins dans son journal le cours *mondial* du cuivre, du blé, du coton, du sucre ou du pétrole. Même pour les produits qui relèvent davantage des nécessités locales ou des goûts particuliers, le jeu de la concurrence a vite fait d'en ouvrir le marché aux producteurs ou aux consommateurs de tous les pays. « Toute clientèle, fût-elle aux antipodes, est bonne à conquérir si elle assure un bénéfice », telle est la devise du fabricant ; « tout fournisseur doit être accepté qui livre à meilleur compte », tel est le mot d'ordre de l'acheteur. Devant ces impératifs également catégoriques de l'intérêt, que valent les petits moyens par lesquels on cherche

parfois à ranimer dans un pays une industrie qui
végète, par exemple, les campagnes « patriotiques »
d'une certaine presse en faveur de la coutellerie ou
de la bière nationales ? Examinez la charrue que
conduit ce vigneron de l'Ardèche : elle vient de
Syracuse (état de New-York). Informez-vous du
pays d'origine de ce steamer qui débarque sur le
quai de Dunkerque des portes et des fenêtres en
bois blanc, pourvues de leurs ferrures et prêtes
à être mises en place : il arrive en droite ligne
de la Norvège. Il a payé, il est vrai, en entrant dans
le port, des droits considérables, car ainsi l'ont voulu
et le gouvernement, toujours à court d'argent,
et le bûcheron et le menuisier, électeurs de ce gouvernement. Mais cette protection, en même temps
qu'elle endormait l'initiative du paysan ou du fabricant français, a surexcité celle du producteur nor-
végien. En dépit des douanes et du fret, il a pu,
grâce à un écart de quelques centimes entre ses prix
et ceux de ses concurrents, emporter de haute lutte
la commande qu'il convoitait. La poursuite du « bon
marché » est plus forte que tous les obstacles arti-
ficiels qui contribuent au renchérissement des produits.

Nous ne dirons qu'un mot du travail accumulé

sous forme d'épargne ou de capital. L'internationalisme des capitaux, leur mobilité extrême, leur ingé-
niosité et leur facilité à se dérober à la prise du fisc,
leur empressement à accourir partout où on leur promet, sous forme de dividendes, un avantage plus
grand qu'ailleurs, tous ces faits sont bien connus.
Une invention géniale a surtout contribué à faire de ce
« travailleur », qu'on appelle l'argent, un instrument
précieux de pacification internationale : c'est celle de
la *société par actions*, qui est la forme communément
adoptée aujourd'hui pour toutes les grandes entreprises. Grâce à elle, à l'ancien mode de la propriété
personnelle, conçue suivant le vieux droit romain
et impliquant pour le possesseur le pouvoir d'user
et d'abuser, se sont substitués des modes plus sou-
ples, et plus justes aussi, puisque, en devenant
collective, la propriété échappe aux fantaisies souvent néfastes d'un maître absolu. Grâce à elle
encore, des citoyens de deux pays hostiles peuvent
« communier » dans la possession d'un même bien ;
grâce à elle, une même mine de cuivre peut appartenir à des nationaux de vingt patries différentes, en
sorte que cette forme de propriété, en se générali-
sant, contribuera à tisser peu à peu, suivant la belle
expression de notre maître F. Passy, « ces mille fils

inextricables dont sera faite un jour la trame de
l'unité du genre humain. »

V

Il est encore d'autres grandes lois économiques
dont l'action lente, mais à la longue irrésistible, doit
être envisagée ici, parce qu'elles contribuent autant
que les précédentes à préparer l'unification de l'humanité. Au premier rang. il convient de placer la
loi de la division du travail. Et ce n'est pas seulement pour la production industrielle que la division
du travail s'impose : elle est une nécessité pour
tous les genres de production. et en particulier pour
la production agricole. qui est la plus directement
liée à la consommation, c'est-à-dire au phénomène
économique universel et *humain* par excellence. De
même que, dans une usine, les divers groupes d'ouvriers se commandent les uns les autres. au point
que ceux qui clouent les caisses d'emballage sont
bien vite forcés de s'arrêter si les chauffeurs refusent
leur service, on peut dire que le monde est une
vaste usine dont chaque région est comme un atelier
particulier. Qu'il s'agisse de produire des légumes

ou des rails d'acier, il faut avant tout produire *économiquement*, c'est-à-dire par grandes masses. Il y a donc pour tout produit, soit pour des causes naturelles (existence dans le pays de carrières, de mines de fer et de houille, de nappes de pétrole, etc), soit pour des causes économiques et sociales (bon marché de la main d'œuvre, etc.), une *région d'élection* où la production peut atteindre son maximum en ce qui concerne la modicité du prix de revient. C'est cette région-là qui finit par détenir, dans une certaine mesure, le monopole de la production. Ainsi, on a remarqué que l'étendue des terres à blé diminue dans la plupart des pays du globe, quoique la consommation du pain de froment reste stationnaire. C'est que des contrées privilégiées par la nature ont trouvé dans la culture du blé une spécialité qu'elles s'efforcent de transformer peu-à-peu en une sorte de monopole. De là, d'un pays et quelquefois d'un continent à l'autre, de lents transports de culture et d'industrie. Des pays longtemps producteurs et dans des conditions qui longtemps parurent avantageuses, sont graduellement dépossédés au profit de pays mieux adaptés. C'est ainsi qu'on a vu l'élevage des vers à soie tomber à presque rien dans le midi de la France, en dépit de primes à la sériciculture dont la création est une véritable aberration économique. On peut donc dire que chaque produit industriel ou agricole, après avoir été longtemps dispersé et instable, finit par trouver, si l'on peut ainsi parler, son assiette, et par se fixer dans une région où il rencontre les meilleures conditions de grand rendement ou de bas prix de revient. L'industrie des matières colorantes est peu-à-peu accaparée par l'Allemagne, celle des machines agricoles par l'Amérique du Nord, etc.

Les conséquences de cette division du travail apparaissent d'elles-mêmes. Puisque les besoins de la vie civilisée vont toujours croissant en raffinement et en diversité, puisqu'il nous faut du coton, du café, des fruits séchés, du thé, etc. etc., et que nous ne pouvons avoir ces produits à bon marché que si nous les demandons, le thé à la Chine, le café au Brésil, les fruits séchés à la Californie, etc., etc., l'interdépendance de tous les pays au point de vue des besoins de la consommation est un *fait* que toutes les combinaisons politiques ne sauraient modifier. Or, les nécessités de la consommation sont de celles qui s'imposent brutalement. L'humanité civilisée ou sauvage n'a pas la légendaire prévoyance de la fourmi et de l'écureuil. Elle n'a pas de réserves en aliments, en boissons ou en vêtements. Elle les utilise à peine tirés de la terre et n'en produit pas à son appétit. Puisque la seule grève qu'on ne verra jamais, c'est la grève des estomacs, et qu'il n'est point de guerre qui, d'une manière ou d'une autre, ne fasse tort au consommateur que chaque homme porte en lui, il faudra bien que les peuples se décident une bonne fois à s'organiser pour la paix. L'industrie et le commerce, sous la forme anarchique et combative qu'ils revêtent trop généralement encore, aideront-ils à cette évolution ? Nous avons montré plus haut qu'il n'y faut pas compter parce qu'ayant la compétition à leur base, ils sont par eux-mêmes des fauteurs de guerres. Mais nous essaierons d'établir par la suite qu'il n'est pas interdit d'espérer un ordre économique plus parfait et nous chercherons dans les réalités du présent la promesse de cet avenir meilleur.

Nous venons de voir que toute entrave apportée, sur un point quelconque du monde, à la création ou à la circulation des produits, a aussitôt son retentissement dans toutes les contrées du globe tributaires de ces produits. Ce retentissement commence à être ressenti d'une façon si directe et si intense qu'il finira par devenir intolérable et que des mesures seront prises pour amener la disparition des phénomènes capables, comme les guerres, de causer de pareilles perturbations.

Le développement de la production industrielle aura des conséquences analogues. Elle prendra une telle extension et elle sera si bien obligée, pour le succès de ses combinaisons, de tenir les frontières pour nulles et non existantes, que, *supposant* la paix pour condition première de ses opérations, elle l'*imposera*. Déjà, elle s'efforce d'entrer dans cette voie, en sorte qu'au milieu de la confusion produite par les excès de la concurrence, les premiers linéaments d'une organisation rationnelle de l'industrie commencent à se dessiner. La multiplication des sociétés anonymes, qui tient une si grande place dans l'histoire économique du dernier siècle, nous a paru être en ce sens d'un heureux augure. Mais le champ de la société par actions, si vaste qu'il soit quelquefois, a fini par devenir trop étroit à son tour, en vertu de cette grande loi de la concentration industrielle qui agit sur le monde du travail aussi impérieusement que celle de la gravitation sur le monde matériel. A l'intérieur d'un même pays, d'abord, puis entre deux ou trois pays voisins, puis entre deux continents, on voit les usines d'une même industrie se syndiquer pour former des trusts, des pools, des cartels, etc., dont le but, à travers la diversité des combinaisons, est le même et pourrait se définir ainsi : s'unir pour employer contre tout ce qui peut menacer au dehors les bénéfices d'une industrie les forces que l'on employait auparavant à lutter contre les concurrents au sein même de cette industrie. Or de semblables ententes sont si incompatibles avec les entraves nécessairement produites par les frontières économiques ou politiques et par les rivalités internationales, que déjà le particularisme national s'effraie de ces puissantes organisations qui s'élèvent sans lui et même *contre lui*. Aussi a-t-on vu le gouvernement allemand intervenir, lors de la constitution du trust de l'Océan, pour rappeler aux compagnies allemandes que les grands steamers de commerce pouvaient, à l'occasion, prendre place dans la flotte de guerre et pour restreindre autant qu'il l'a pu la dépendance de ces compagnies vis-à-vis du trust.

Des prédictions pessimistes annoncent, il est vrai, la disparition à brève échéance des *industrial combinations*. Mais on se hâte trop, selon nous, de conclure de quelques échecs particls, amenés surtout par l'usage imprudent du *watering system*, à la faillite définitive d'une création qui répond à des nécessités économiques profondes. A côté des trusts édifiés sur la base d'argile du watering et du bluff, il en est de solides, et ceux-là aspirent déjà à prendre une extension mondiale. S'ils y réussissent, ce ne sera pas seulement la politique économique des états civilisés qui se trouvera bouleversée, ce sera la *politique* proprement dite. Entre tous les lieux de production d'un métal d'un usage universel comme le cuivre et l'acier, et tous les lieux où l'on consomme ce même métal ouvré, le trust créera des liens si forts qu'en s'ajoutant à d'autres liens du même genre, ils résisteront sans peine aux causes de guerre que des antagonismes superficiels et éphémères pourraient faire naître.

C'est dans ce sens, n'en doutons pas, que la politique internationale est appelée à se modifier de fond en comble. Il est encore des grands Etats qui méconnaissent cette vérité essentielle que *l'activité économique d'un pays est en raison inverse des charges des habitants, c'est-à-dire des dettes laissées par les guerres passées et des impôts nécessités par les dépenses militaires du présent.*

Il en est qui s'obstinent à croire qu'un peuple peut unir indéfiniment la poursuite des conquêtes par le sabre à celle des richesses par l'outil de travail, et que celle-ci a même pour condition et pour garantie celle-là. Combien de gens répètent de confiance que le commerce suit le pavillon ou, pour employer la formule plus brutale d'un orateur français, que le fer appelle l'or, et que les succès économiques de l'Allemagne de 1904 sont dus, en dernière analyse, à la stratégie meurtrière d'un de Moltke, baignant de sang français les champs de bataille de 1870 ! On a beau leur opposer des faits, comme, par exemple l'extension sans égale du chiffre des affaires faites pendant cette même période, de 1870 à 1900, par de tout petits pays, aussi pacifiques qu'industrieux (progression du commerce de Rotterdam, de 1870 à 1900 : 520 % ; d'Anvers : 400 %, etc.), ils ne veulent pas renoncer à un sophisme qui donne comme une justification utilitaire à leur amour des beaux gestes guerriers.

Ce sera donc le trust qui convaincra ces incrédules. A mesure que la concentration industrielle révèlera ses conséquences, ils s'apercevront que, dans la lutte économique, le client va infailliblement et sans parti-pris d'aucune sorte au bon marché. Ils

verront en même temps le trust, grâce aux ressources énormes dont il dispose, calquer exactement la
mobilité de son organisation sur cette mobilité de la
clientèle. Ce sera la ruine assurée pour les pays où
fleurit le militarisme. En effet le trust sera obligé,
pour être toléré des consommateurs et des gouvernements, de diminuer graduellement le prix de vente du
produit (1). Il ne pourra y arriver que par une
recherche infatigable des conditions de fabrication
les plus avantageuses. Il instituera donc comme un
concours permanent à ce point de vue entre tous
les pays sur lesquels s'étendra son action. Qu'il se
voie contrecarré dans son effort vers le moindre
prix de revient par la situation politique ou budgé-
taire du pays où il possèdera des usines, et aussitôt,
il transportera son industrie ailleurs. Il le fera,
cela va de soi, sans le moindre scrupule « patrioti-
que », sans la moindre préoccupation philanthro-
pique de sauvegarder une industrie « nationale »,

(1) Exemple : La diminution du prix de vente du pétrole
réalisée par le trust Rockefeller. Le litre de pétrole de
qualité médiocre valait en 1872 aux Etats-Unis 30 centimes.
La *Standard Oil Company*, tout en réalisant en quelques
années des centaines de millions de bénéfices, livre
aujourd'hui un pétrole excellemment raffiné à moins de
10 centimes le litre, prix du commerce de détail.

puisque, par définition, il est international ou peut-être même mondial. Il n'hésitera pas non plus devant le coût de ce transfert, comme le ferait un industriel isolé, parce qu'il dispose de ressources immenses et qu'il sait l'art des sacrifices opportuns. En somme, il voudra que les pays sur lesquels il jettera son dévolu répondent à des exigences de trois sortes :

— 1º Ces pays devront être bien situés, soit qu'ils fournissent la matière première en abondance, soit qu'ils offrent de grandes surfaces de consommation. soit que la main d'œuvre s'y loue à un bon marché exceptionnel.

— 2º Ils devront, à défaut du bon marché de la main d'œuvre, offrir des ouvriers d'élite, pourvus d'une forte éducation professionnelle, s'inspirant d'un idéal de vie suffisamment élevé, et susceptibles d'un *grand rendement*.

— 3º Ces pays devront enfin présenter, outre ces caractères de bonne appropriation intrinsèque, ce qu'on pourrait appeler des conditions externes favorables. Il est clair que le trust ne pourrait pas s'accommoder d'une contrée où le service militaire enlèverait brusquement à l'atelier, et pour une durée de deux, trois ou quatre ans, ses ouvriers les plus actifs et où des périodes de vingt-huit et de treize jours viendraient encore, à intervalle fixe, désorganiser le travail. Il se détournera également des pays où l'on ne parle que de nationalités à reconstituer, ou encore de revanches à prendre, parce qu'il ne saurait admettre qu'une guerre, éclatant comme un coup de foudre, vienne en un instant vider des usines dont les produits sont attendus par le monde entier. Il fuira les états que leurs charges militaires présentes ou leurs dettes passées obligent à des impôts onéreux pesant sur la propriété mobilière et immobilière, et par suite grevant l'industrie d'énormes frais généraux, ou bien renchérissant pour les humbles le prix de la vie, et par suite, faisant artificiellement monter le taux des salaires. Enfin, il désertera les états où des tarifs de douane et d'octroi s'opposent à l'entrée des matières premières et enflent le budget national des recettes de tout l'effort productif réalisé par l'industrie. Et si l'on objecte que l'existence des trusts ne sera pas éternelle, nous répondrons que, quoi qu'il arrive, l'évolution se fera désormais du chaos et de la compétition vers l'ordre et vers l'entente, et que, de quelque nom qu'on l'appelle, la future *association organisée des intérêts*, dont le trust est comme la rudimentaire ébauche, ne pourra pas, ainsi que

nous espérons l'avoir montré, éviter d'aboutir à
l'internationalisme et par suite, de mettre, elle aussi,
les peuples militaristes en interdit.

VI

Ces perspectives d'avenir sont certes de nature à
réjouir tous ceux qui croient au triomphe définitif
de l'humanité pacifiée. Mais on pourrait nous re-
procher avec raison de faire trop bon marché des
prémisses que nous avons posées nous-mêmes au
début de cette étude, si nous nous en remettions, pour
assurer le succès final, uniquement au libre jeu des
lois économiques dont il vient d'être question. Ce
n'est ni la loi de la concentration industrielle, ni
celle de la division du travail qui remédieront à cet
antagonisme des intérêts et à cette inégale répartition
du pouvoir d'achat en qui nous avons signalé l'origine du malaise social et par contre-coup du danger
international. Puisque la guerre nous est apparue,
en dernière analyse, comme la répercussion plus ou
moins directe du conflit qui, depuis qu'il y a des
hommes vivant en société, met aux prises le pauvre
et le riche, celui qui désire et celui qui possède, ne

reculons pas devant la complexité et la difficulté du problème, et puisons notre assurance dans le spectacle précédemment entrevu des forces obscures ou conscientes qui travaillent avec nous. Au reste, nous n'avons pas la ridicule prétention, dans les pages qui vont suivre, de « résoudre la question sociale ». Nous cherchons la voie la plus sûre pour aboutir à l'établissement d'une paix qui ne soit pas, comme ce que l'on décore aujourd'hui de ce nom, « l'équilibre instable des convoitises et des peurs »(1). C'est donc dans la mesure seulement où ils promettent d'instaurer cette réconciliation des intérêts humains qui nous est apparue comme la condition fondamentale de la paix, que nous aurons à nous occuper des divers systèmes de transformation sociale.

Efforçons-nous d'abord de délimiter le champ de notre étude. Puisqu'il s'agit de réaliser, — on nous pardonnera de le redire encore, — la solidarité économique de chacun avec tous et de tous avec chacun, c'est à l'association, et à l'association librement consentie, que nous demanderons le secret d'une transformation aussi profonde. Mais l'associa-

(1) L'expression est de M. Anatole Leroy-Beaulieu.

tion peut être comparée à cette langue dont le bon Esope affirmait qu'elle est la meilleure et la pire des choses. De la plupart des associations humaines on peut dire avec Proudhon qu'elles ne sont que de l'égoïsme à plusieurs. Il importe donc de bien choisir.

Il est un mouvement associationiste qui de prime abord sollicite vivement notre attention. Il a la puissance que donne le nombre, la confiance qui vient du succès, et il met justement au premier rang des fins qu'il poursuit une refonte complète de l'état politique, économique et social (1). C'est le syndica-

(1) Au Congrès de la Paix de Nimes, le 8 avril 1904, en présence d'un auditoire vivement intéressé par l'argumentation du rapporteur, M. L. Niel, secrétaire de la Bourse du Travail de Montpellier, faisait voter une résolution ainsi conçue :

« Le Congrès déclare qu'il y a lieu de mettre à l'étude des prochaines assises de la Paix les moyens de seconder le syndicalisme dans son œuvre d'émancipation humaine par la réalisation de l'égalité sociale. »

Par cette résolution importante, se trouve posée devant le pacifisme la question suivante dont il serait superflu de démontrer la gravité : Dans l'intérêt même de leur cause, les amis de la Paix doivent-ils s'associer au mouvement d'émancipation ouvrière, représenté par le syndicalisme dans le domaine social et par le socialisme dans le domaine politique ? Et si l'action sociale est reconnue nécessaire pour la solution du problème international, dans quelle direction peut-elle s'exercer avec le plus d'avantage pour l'organisation de la Paix entre les groupements humains ?

Les pages qui vont suivre sont un essai de réponse à cette question.

lisme ou trade-unionisme. Organisez-vous, dit-il aux travailleurs ; c'est votre dispersion qui fait votre faiblesse. Réunissez-vous dans chaque centre entre gens du même métier et prenez conscience de la communauté de vos besoins et de vos désirs. De ces groupements corporatifs, formez ensuite des unions régionales, puis des fédérations nationales. Tendez enfin la main par dessus les bornes des patries à vos frères de travail et de misère. « Prolétaires de tous les pays, unissez-vous ». L'appel fameux lancé par Karl Marx et Engels, en 1848, est resté le mot d'ordre du syndicalisme. Mais l'alliance corporative n'est que le moyen. Voyons le but.

Le but le plus immédiat, c'est d'obtenir, par l'entente des travailleurs organisés en unions de métiers aussi vastes que possible, un relèvement progressif des salaires. Si nous supposons les ouvriers des diverses professions constitués en autant d'immenses syndicats internationaux, c'en est fait, cela va de soi, de l'absolutisme patronal. Le syndicat exerce sur le marché du travail une pression irrésistible. Il a en mains dès aujourd'hui, et sans parler de celles qu'il se forgera dans l'avenir, des armes redoutables, le sabotage, le label syndical, la mise à l'index, la grève. Transportons-nous par la pensée au moment d'ailleurs hypothétique où le syndicat aura englobé tous les ouvriers d'une même industrie dans le monde (1) : ce jour-là, le patronat, fût-il lui-même formé en syndicat unique, n'aura plus qu'à disparaître, après des luttes sans nombre et des transactions éphémères, facilitées peut-être par la pratique de l'*arbitrage facultatif* d'abord, puis *obligatoire*. Le triomphe dernier du syndicalisme implique la fin du salariat.

Tel est, en ses traits essentiels, le rêve grandiose qui hante le cerveau des meneurs du mouvement syndicaliste. Il nous suffira d'en signaler, au point de vue qui nous occupe, les inconséquences et les dangers.

Il ne semble pas, à envisager seulement l'aspect économique du problème, que la solution syndicaliste puisse jamais assurer la réconciliation des intérêts humains, condition essentielle de la pacification des peuples. Remarquons d'abord qu'elle ne s'imposera qu'au prix de luttes acharnées et même sanglantes. Le mouvement syndical commence à peine à affirmer sa force, et déjà le conflit est à l'état aigu

(1) Un exemple. Il existe déjà un *Secrétariat typographique international*, groupant vingt-deux Fédérations régionales et nationales et quatre-vingt-cinq mille cinq cents membres.

entre les syndiqués d'une part, et de l'autre, les non-syndiqués et les « jaunes », que le patronat encourage à la résistance, parce qu'il voit en eux ses meilleurs alliés contre la « tyrannie » syndicaliste. Mais admettons que le syndicat finisse par rallier à lui tous les travailleurs civilisés. N'est-il pas à prévoir que le patronat fera donner alors ses troupes de réserve, entendez par là les outils humains qui, par centaines de millions, attendent en Afrique et en Asie l'heure de paraître sur le champ du travail ? Déjà, nombre d'industries anglaises fondent aux Indes des établissements. Demain, le *coolie* chinois envahira le Transvaal, tandis qu'aujourd'hui même, il est repoussé avec une brutalité sauvage des quais de San-Francisco par l'ouvrier américain, menacé dans sa situation et dans ses hauts salaires.

Pourtant, si tous ces heurts, toutes ces haines et tout ce sang versé devaient aboutir à un apaisement universel, né de la victoire finale du syndicalisme, qui ne se résignerait à en attendre et même à en favoriser l'avènement ? Mais il est à craindre qu'une fois débarrasssé de tous ses adversaires, le syndicalisme ne soit amené à se retourner contre lui-même et à se déchirer intérieurement. C'est qu'il porte en lui un principe irréductible de

division et d'impuissance. Il emploie pour arriver à
la hausse des salaires des voies singulièrement dan-
gereuses. La plus ordinaire, c'est la contrainte exer-
cée sur le patronat par le refus collectif du travail.
Mais à côté de la grève, dont le rôle et l'efficacité
relative sont bien connus, il est, pour un syndicat
puissant, des moyens plus détournés de parvenir à
ses fins. Tantôt, comme certaines trade-unions anglaises, il s'efforce de limiter la quantité de travail
que devra livrer l'ouvrier pour un prix donné ;
tantôt, comme la *Fédération française du Livre*, il
empêche l'envahissement de la profession, et par
suite l'avilissement des gains, en mettant en interdit
le travail féminin ou en s'opposant à l'entrée de
nouveaux apprentis dans la corporation.

En principe, rien n'est plus légitime que le but
visé par les syndiqués. « Nous voulons, disent-ils,
supprimer le chômage, et nous veillons à ce que l'offre
des bras soit légèrement inférieure ou du moins tout
au plus égale à la demande ; nous réclamons en
outre une progression des salaires parallèle à l'extension croissante des besoins que comporte une
vie normale : tout cela est de droit strict ». Le malheur, c'est que le syndicalisme, tout entier à ses
revendications présentes, ne voit pas les terribles

chocs en retour dont il est menacé. Grâce à lui, le travailleur poursuit, avec la puissance illimitée que donne l'association, des conquêtes que son isolement lui interdisait autrefois, mais, sur ce terrain nouveau, c'est encore l'âpre bataille des intérêts qui continue, reculant indéfiniment ce désarmement social que nous appelons de tous nos vœux parce que nous voyons en lui la condition et la préface du désarmement politique. L'égoïsme collectif du syndicat n'obtiendra que des résultats précaires, en dépit de toutes les espérances que mettent en lui des sociologues aussi éminents que MM. Schloss, Sidney Webb, Durkheim, L. Brentano, etc. L'afflux de travailleurs qu'il écartera d'une profession se reportera sur une autre, d'où il sera repoussé à nouveau par un syndicat faisant bonne garde, si bien que de toutes ces proscriptions accumulées, exécutées avec plus ou moins de rigueur, non d'après les besoins réels des industries, mais d'après l'énergie combative des corporations, il se formera une masse toujours accrue de sans-travail, armée toute prête de l'émeute. Plus graves encore se révèleront les conséquences de l'ostracisme jeté sur le travail féminin, parce que ses répercussions sociales et morales seront infinies. Enfin l'élévation des salaires, poursuivie par le syndicalisme sans son correctif indispensable, l'accroissement de la production, entraînera nécessairement le progrès ininterrompu du machinisme. On pourra bien contraindre le patron à adopter le tarif syndical, mais il restera seul juge du nombre d'ouvriers qu'il entend occuper, et il remplacera la main-d'œuvre, de jour en jour plus exigeante, par la machine, collaboratrice de tout repos. Dès aujourd'hui, les Etats-Unis nous offrent le spectacle de ce développement parallèle des hauts salaires et du machinisme à outrance. Les lamentations coutumières sur le chômage grandissant et la surproduction moderne ne sont pas, hélas ! près de s'éteindre.

Nous touchons ici à ce que nous croyons être le vice fondamental du syndicalisme. Comme il groupe les ouvriers en tant que producteurs, c'est de la production seule qu'il a souci. La consommation lui paraît être un phénomène économique négligeable. Erreur funeste, et qui paralysera l'œuvre des syndicats, erreur de gens qui chercheraient à mettre en équilibre une balance en chargeant obstinément un seul de ses plateaux ! En réalité, chaque producteur est doublé d'un consommateur ; chaque famille ouvrière ne comprend qu'un nombre limité de producteurs, alors que *tous* ses membres consomment, depuis l'enfant à la mamelle jusqu'au vieillard impotent, en sorte que les exigences de la consommation priment toutes les autres, étant les seules que l'on puisse dire, dans toute la force des termes, *universelles* et *nécessaires*. Un jour viendra, espérons-le, où on enseignera aux petits enfants de nos écoles ces vérités si élémentaires et si parfaitement ignorées. L'essentiel, leur expliquera-t-on, n'est pas de gagner beaucoup, c'est d'acheter bon marché. L'abondance des produits importe au bien-être général bien plus que l'élévation des salaires. Disons mieux : un salaire n'est en soi ni haut, ni bas : il ne vaut que par la quantité et la qualité des objets utiles dont il permet l'acquisition. Multiplier les grèves, limiter le nombre des heures de travail, restreindre l'intensité de la production par la prohibition ou tout au moins le contrôle du travail aux pièces, entraver le libre développement du machinisme et le recrutement des apprentis, tous ces expédients amèneront peut-être un relèvement des salaires, mais ils amèneront plus sûrement encore un accroissement du prix de revient et un ralentissement de la production qui auront pour conséquence le renchérissement de tout ce qui est nécessaire à la vie. Le syndiqué expiera donc comme consommateur les fautes qu'il aura commises comme producteur. Il aura beau, chaque quinzaine, inscrire sur son livre de comptes familial une plus grosse somme à la colonne des recettes, il verra s'enfler d'autant, ou peut-être même davantage, la colonne des dépenses (1), et comme l'intérêt parlera plus haut en lui que la logique, il combattra chez les autres syndicats, pour éviter le renchérissement des produits, une tactique qu'il avait recommandée au sien, quand il s'agissait d'arracher au patronat une augmentation de salaires. Hostilité de tous les syndicats à l'égard des patrons, hostilité de chaque syndicat à l'égard de ses pareils, telles sont les pers-

(1) Même si le prix de chaque objet de consommation, malgré l'accroissement des salaires, reste stationnaire, grâce au perfectionnement de la technique, la somme des dépenses de la famille ouvrière n'en ira pas moins en augmentant, parce que le *standard of life* s'élève et que les besoins deviennent chaque jour plus complexes. Triplez d'abord par une meilleure éducation professionnelle, par les progrès de l'outillage, etc., la productivité du travailleur; vous pourrez ensuite doubler ses salaires. Mais ce qu'il faut avant tout, c'est favoriser la consommation par l'abondance et le bon marché du produit. Notre principal grief contre le syndicalisme, redisons-le encore, c'est qu'il ne fait rien pour favoriser la consommation et qu'il fait tout, sans le vouloir assurément, pour l'entraver.

pectives d'apaisement économique et social que nous laisse entrevoir le syndicalisme !

Il est vrai que les apôtres de l'évangile syndicaliste ont une réponse toute prête. C'est au détriment des patrons et des capitalistes seuls que se feront les conquêtes ouvrières. Les ressources nécessaires pour subvenir à la hausse des salaires et à toutes les garanties accessoires que le prolétariat émancipé est sur le point d'arracher à ses oppresseurs, (retraites pour la vieillesse, assurances sous toutes les formes, journée de huit heures, etc.) c'est le profit patronal, enfin ramené à d'honnêtes limites, qui les fournira. Et si la pression purement *économique* des travailleurs associés ne suffisait pas à décider les patrons à s'exécuter, l'action *politique* y pourvoirait. La *Loi*, émanation du nombre, l'*Etat*, expression et instrument du suffrage universel, voilà les moyens de coercition sans réplique dont disposent les masses laborieuses. Qu'on ne leur parle plus, dès lors, d'une élévation du prix de vente des produits dont elles seraient directement victimes. Sans doute, le prix de revient de la production s'alourdira, mais qu'importe ? L'essentiel, c'est que, grâce à l'action vigilante des pouvoirs publics et des syndicats, les déboires du patronat n'atteignent que lui seul,

Depuis quelques années, cette doctrine, simpliste jusqu'à l'ingénuité, de l'interventionisme d'Etat, a trouvé grande faveur dans les milieux syndicalistes de tous les pays. Le trade-unionisme anglais lui-même, oubliant l'admirable floraison des œuvres nées de 1850 à 1890 de sa libre initiative, a été gagné par la contagion générale. Une telle aberration ne peut s'expliquer que par l'ignorance. Jusqu'ici, la classe ouvrière a été tenue à l'écart des difficultés et des responsabilités de la direction en affaires. Elle garde sur la rapacité et l'opulence patronales des illusions qu'elle ne perdra que le jour où une organisation économique nouvelle rendra inutile le mystère dont actuellement l'industriel et le commerçant croient devoir envelopper leur comptabilité pour mieux dépister la concurrence. Dites à un ouvrier que le bénéfice d'un patron, même favorisé par le succès, n'égale pas bien souvent la dixième ou même la quinzième partie des sommes qu'il distribue à son personnel sous forme de salaires, et vous le verrez sourire d'incrédulité(1).

(1) Prenons deux entreprises en pleine prospérité, deux sociétés de production d'importance fort différente, mais obligées l'une et l'autre, par leur nature même, de publier le bilan exact de leurs affaires.

1° Le Familistère de Guise, en 1903, a distribué à ses

Démontrez-lui que ce profit patronal, guetté par tant d'ennemis, grevé de tant d'impôts et déjà si réduit par la concurrence, ne saurait être indéfiniment diminué parce qu'il est la rétribution nécessaire des initiatives, des soucis et des responsabilités de la direction : votre intervention en faveur du patron lui paraîtra suspecte.

Les illusions de la plupart des travailleurs manuels ne sont pas moins grandes en ce qui concerne les ressources que la propriété mobilière ou immobilière pourrait mettre à la disposition de l'Etat socialiste, le jour où celui-ci s'arrogerait le droit de contrôle et de correction sur les injustices sociales. Avec la diminution croissante des revenus, quelle qu'en soit l'origine, nous nous acheminons vers une société où il n'y aura plus de rétribution vraiment

2.103 travailleurs une somme de 2 millions 600 mille francs de salaires. Le bénéfice net de l'entreprise a été de 280 mille francs. Mais il s'agit d'une industrie privilégiée. Que d'établissements, dans l'industrie textile par exemple, qui occupent un même nombre d'ouvriers et dont le profit n'atteint pas le cinquième de cette somme !

2⁰ En cette même année 1903, l'imprimerie coopérative *La Laborieuse*, de Nîmes, inscrivait à son budget une somme globale de dépenses de 55.351 fr. 60 dont 20.509 fr. 90 en salaires payés à ses membres, et réalisait un bénéfice net de 4.339 fr. 60 (amortissement déduit), soit le douzième des dépenses environ.

enviable que pour le travail. Si ceux qui ne font rien, en dépit de la baisse continue de la rente et de l'intérêt, arrivent encore à éblouir le travailleur et à provoquer sa jalousie par le spectacle de leur désœuvrement, la faute en est au bon marché du luxe moderne et à la complaisance avec laquelle il s'étale insolemment. C'est le propre de la richesse oisive que d'être toujours en mouvement et en parade. Que de riches ! que d'heureux ! disent les âmes simples et naïves, en voyant nos routes incessamment sillonnées par des automobiles qui semblent se ruer à la poursuite d'on ne sait quel plaisir inaccessible ; — que d'exploiteurs ! disent les autres. Mais nul ne songe que ces riches vivent en réalité sur les grands chemins et que ce sont toujours les mêmes qui passent et repassent. On oublie encore que le luxe a, comme toute chose, sa contrefaçon et qu'il y a beaucoup plus de *rastaquouères* que de millionnaires authentiques. Au surplus, ayons bon espoir qu'un avenir prochain se chargera de venger « l'honnête homme à pied » du « faquin en litière ». Les fortunes que le travail ne renouvelle pas sont destinées à se fondre comme neige au soleil. Un Ch. Schwab, qui récemment gagnait comme salarié d'un trust américain cinq millions par an, représente avec une outrance toute *yankee* cette ascension irrésistible du travail. Un jour viendra donc où la société humaine sera faite uniquement de travailleurs. C'est eux qui devront fournir à l'Etat toutes les ressources dont il disposera, et ils ne retireront de lui que ce qu'ils lui auront d'abord apporté, déduction faite des sommes énormes absorbées par l'entretien du monstrueux organisme administratif dont on aura compliqué à plaisir les rouages. Dira-t-on qu'alors l'Etat prendra sur le superflu des travailleurs les plus avantagés pour venir en aide aux sacrifiés ? Mais quel danger pour le travail lui-même, pour la productivité générale et pour la collectivité tout entière que ce lit de Procuste, employé à décapiter toutes les supériorités et à rabaisser toutes les énergies et tous les talents au niveau d'une même et désespérante médiocrité !

VII

Après cette critique sommaire de l'association professionnelle et des espérances inconsidérées qu'elle a fait naître chez ceux qui ont le plus à souffrir de l'ordre social actuel, devrons-nous avouer notre impuissance ? Faudra-t-il donc nous résigner à ne posséder jamais qu'une paix internationale précaire et boiteuse, parce que les intérêts individuels demeureront en perpétuel conflit? N'aurons-nous d'autre ressource que d'appliquer aux différends surgissant à l'improviste entre les peuples ces remèdes *a posteriori* qui s'appellent la *médiation* et l'*arbitrage*, de même que les médecins, mis en présence de certaines maladies chroniques, en sont réduits à combattre, tantôt sur un point et tantôt sur un autre, les éruptions toujours renaissantes d'une diathèse en elle-même inguérissable? Avant d'être obligés de reconnaître que pour cette affreuse maladie qui a nom la *guerre*, il ne saurait y avoir ni prophylaxie, ni hygiène préventive, rappelons-nous les constatations auxquelles nous avions été conduits par l'étude de ses causes profondes. Non, ce n'est pas en restreignant la production, ce n'est pas en parquant les travailleurs en syndicats qu'on a pu comparer à « des phalanges bardées de fer et hérissées de piques », ce n'est pas en privant les capacités de la rétribution qui les incite à l'effort, qu'on réalisera en ce monde l'harmonie, cette proche parente du bien-être : c'est en supprimant le parasitisme dans la personne de ses représentants les plus néfastes, le commerçant, et le soldat, c'est en réconciliant la production et la consommation par la subordination rationnellement organisée de la première à la seconde ; pour tout dire, c'est en substituant à un état de choses fondé sur l'avantage exclusif du producteur et sur le profit individuel, un ordre économique créé en vue du consommateur et de l'utilité sociale.

Mais ce programme, si vaste qu'il soit, n'est pas la pure chimère de quelques réformateurs de cabinet. Il a un nom, c'est le programme coopératif ; il a ses théoriciens et ses apôtres ; mieux encore, il compte de par le monde plusieurs millions de partisans, il marche par lentes et sûres étapes à la conquête du commerce et de l'industrie, en attendant qu'il achève par l'agriculture la pacifique révolution dont il porte en lui la promesse.

On sait ce qu'il faut entendre par une société coopérative de consommation. Un certain nombre de familles s'unissent pour se procurer à frais communs et se répartir ensuite les objets nécessaires à la vie. Dans le système généralement adopté, les ventes du magasin coopératif se font aux prix ordinaires de la ville ou du pays. La différence entre le prix d'achat des marchandises et le prix de vente

au détail est distribuée en fin d'exercice aux membres de la société au prorata du montant de leurs
achats. Même sous cette forme primaire, les résultats
de la coopération sont des plus importants. Elle
élimine ce parasitisme commercial dont nous par-
lions tout-à-l'heure en supprimant l'intermédiaire
entre le producteur et le consommateur. Elle empêche la constitution des fortunes, petites ou grosses,
nées du commerce, puisque tous les bénéfices qui,
sans elle, se fussent accumulés dans les coffres du
commerçant, sont répartis au fur et à mesure de
leur formation entre les clients du magasin. Prenons
comme exemple l'aliment nécessaire entre tous, celui
qui, tenant bien souvent lieu de tous les autres, représente la plus grosse dépense d'une famille ouvrière :
le pain. Si tout le pain consommé en France dans une
année sortait des boulangeries coopératives, c'est 8oo
millions qui retourneraient dans la poche des acheteurs! L'adhésion de tous les Français à la coopération de consommation, en leur procurant une économie de 12 à 15 % sur leurs dépenses courantes, leur
assurerait l'équivalent d'une hausse de 12 à 15 % sur
leurs salaires : ne voilà-t-il pas un moyen singulièrement efficace et pratique d'accroître en faveur
des masses laborieuses ce pouvoir d'achat dont

nous déplorions plus haut l'insuffisance ? Ne serait-ce pas d'autre part tout profit pour la société, si les 4 millions d'intermédiaires (1) ainsi éliminés progressivement venaient augmenter le nombre des producteurs et par suite l'abondance des produits?

Ce n'est pas tout. Dans le système rochdalien, (tel qu'il est pratiqué en Angleterre et préconisé en France par le groupe de coopérateurs connu sous le nom d'Ecole de Nimes), ce sont les coopératives de consommation qui fondent avec leurs propres ressources les magasins de gros (Wholesales) et les usines coopératives, en garantissant à celles-ci une clientèle stable et l'écoulement assuré de produits fabriqués en vue de besoins connus d'avance. Ainsi, par la coopération, la production et la consommation sont réconciliées et subordonnées l'une à l'autre, celle-ci ayant, comme il convient, le pas sur la première. La richesse est mieux répartie, puisque les bénéfices commerciaux et industriels retournent sans discontinuer aux producteurs et aux consommateurs, c'est-à-dire à la collectivité tout entière. Tout ce qui est nécessaire à la consommation est produit, puisque c'est la consommation elle-même

(1) Il ne s'agit ici, cela va sans dire, que de la France.

qui a directement donné les ordres; tout ce qui est produit est consommé, puisque les ordres donnés ont pu escompter des ventes certaines, l'intérêt immédiat des acheteurs étant de se servir régulièrement au magasin dont ils sont actionnaires. *Sublata causa, tollitur effectus*, dit l'adage latin. Les guerres « d'expansion » et de « débouchés » deviennent inutiles.

Ce sont là les avantages économiques de la coopération. Ils s'accompagnent d'avantages moraux qui, au point de vue de la pacification internationale, ont une importance de premier ordre. En se substituant au régime compétitif, la coopération ne supprime pas la concurrence, comme le prétendent ses adversaires, car chaque société distribue à ses membres une ristourne plus ou moins forte suivant l'habileté de sa gestion, mais elle lui enlève l'élément de jeu qui en était l'âme. Les réussites scandaleuses, les gains énormes obtenus sur un coup de dés, les accaparements illicites deviennent impossibles et, avec l'occasion d'un profit personnel exagéré, on voit disparaître en même temps cet esprit d'aventure et de violence qui des individus se communique aux peuples et les conduit aux pires dénis de justice. Une nation dans laquelle il n'y aurait que des coopérateurs arriverait par la pratique d'une meilleure justice distributive et d'une égalité matérielle plus grande entre les citoyens, à une possession de soi-même et à un équilibre de ses facultés mentales qui l'amèneraient à se détourner à jamais de la folie criminelle de la guerre.

D'ailleurs, à défaut de la sagesse et du sens moral, c'est l'intérêt qui ferait d'un tel peuple un peuple irrévocablement pacifique. A l'heure présente, il est facile à une minorité de spéculateurs influents d'amener par l'ascendant que donne la richesse acquise, quand ce n'est pas par la ruse et par la corruption, un pays à déclarer une guerre injuste. Les masses populaires, par atavisme, par ignorance, par lassitude, et quelquefois aussi dans l'espoir que la conquête amènera un soulagement à leurs maux, ne songent pas à se révolter. Mais supposez un Etat où la coopération, en régularisant la production, a assuré le travail de tous, supprimé les crises, les surproductions, les engorgements, aboli le chômage et augmenté le bien-être : pourquoi ces travailleurs privilégiés iraient-ils courir les hasards des batailles ? La pratique de la coopération, ne l'oublions pas, a complété leur éducation économique. Ils connaissent désormais le vrai prix des choses, de la *gloire* comme du reste, et leur choix est fait. Arrêtez dans la rue un homme du peuple et interrogez-le sur ses dépenses et son genre de vie. Toute sa science tiendra dans quelques constatations désolées : « Le charbon est plus cher que jamais, la viande est hors de prix : la vie devient dure au pauvre monde. » Il vous annoncera ces malheurs avec la résignation d'un fataliste qui attribuerait aux décrets également impénétrables de la Providence la catastrophe de la Martinique et le haut prix du chocolat. Interrogez au contraire ce coopérateur, qui sort du magasin de sa société, de *son* magasin. Justement, on lui apprenait tout-à-l'heure que le café, acheté par lui au taux de 246 francs les 100 k., est vendu 110 francs sur les quais de Marseille et que la différence entre ces deux chiffres représente le montant de l'impôt pour les cafés de provenance étrangère (1). Mis en goût de savoir, il s'est informé de l'emploi que recevait ce prélèvement monstrueux, et on lui a répondu qu'il sert pour les deux tiers (budget de la guerre et dette nationale) à payer les gloires militaires du passé et celles de l'avenir. Il n'en faut

(1) Pour les cafés provenant des colonies françaises les droits sont de 58 fr. au lieu de 136.

pas davantage : le voilà pacifique convaincu... A la même heure, un coopérateur anglais lit dans son journal qu'on redoute une nouvelle guerre en Amérique ou en Extrême-Orient. Dès cet instant, quelle n'est pas l'inquiétude de notre coopérateur? Les navires du Wholesale qui vont chercher aux pays de production les denrées coloniales et les matières premières pourront-ils circuler en toute liberté? Le thé ne va-t-il pas renchérir fâcheusement? Le coton ne fera-t-il pas défaut dans les manufactures coopératives de Leeds et de Manchester? L'usine de Middleton et celle de Crumpsall seront-elles en état de lui fournir sa provision de confitures et de biscuits? C'est que tout cela, navires de transport, moulins, manufactures et usines, appartenant pour une part à la société de consommation dont il est à la fois l'actionnaire et le client, lui appartient peu ou prou. C'est qu'il sait par expérience qu'une guerre au Transvaal double le montant de certains impôts, et fait hausser le prix du charbon, une guerre en Chine le prix du thé, une gue:re à Cuba le prix du cacao et de la canne à sucre. C'est que son opinion sur les guerres est nette et catégorique : des guerres, il n'en faut plus !

Depuis la mémorable soirée du 21 décembre 1844, où 28 pauvres tisserands en flanelle de la ville de Rochdale, réunis en société coopérative de consommation, ouvraient leur humble boutique dans la ruelle des Crapauds (Toadlane), au milieu des quolibets de tous les bobbin-boys du voisinage, la coopération a marché à pas de géant. Elle groupe actuellement environ 4 millions de familles réparties en 6.000 sociétés dont le chiffre global d'affaires dépasse quatre milliards de francs. La seule Angleterre compte dix-huit cents sociétés qui comprennent deux millions cent seize mille membres, font deux milliards deux cent trente millions d'affaires annuelles et répartissent entre leurs adhérents près de deux cent cinquante millions de bénéfices, c'est-à-dire le total de ce que touchent chaque année en salaires les deux cent cinquante mille travailleurs d'une de nos plus grandes villes de France. Cette transformation fondamentale de l'ordre économique actuel, qui ne tend à rien moins qu'à mettre l'universalité des consommateurs en possession de tous les moyens de production et d'échange (1), s'accomplit sans bruit, sans

(1) D'après l'école socialiste, c'est au producteur que doit revenir la possession des moyens d'échange et de production. La distinction est capitale. L'école coopérative allègue

heurt, par l'adhésion tranquille des volontés indivi-
duelles. La coopération, tout naturellement, va du
simple au complexe, du facile au difficile. Comme
elle procure à ses adeptes, à chacune de ses étapes,
des avantages définis, elle n'a pas besoin de dérouler
d'un seul coup devant leurs yeux ses perspectives
les plus lointaines. Elle s'adapte avec souplesse à
tous les besoins à satisfaire ; elle s'empare d'abord
de la consommation des produits dont l'utilité est la
plus générale, du pain, des aliments, des boissons,
des combustibles, des vêtements, pour n'aborder
qu'ensuite ceux qui relèvent du luxe ou de la mode.
Elle sait que l'exploitation de la terre, avec tous les
aléas qu'elle entraîne et tous les capitaux qu'elle
exige, devra suivre la conquête de l'industrie, subor-
donnée elle-même à celle du commerce. Mais cette
prudence, accrue chemin faisant par des échecs qui
signalent les écueils à éviter, n'est pas un obstacle
« aux longs espoirs et aux vastes pensées ». La
coopération, dès à présent, a de bonnes raisons de
croire qu'elle finira par absorber des mouvements

justement que la production n'a pas sa fin en elle-même,
puisqu'elle n'a d'autre raison d'être que de servir la consommation. A celle-ci doit donc appartenir en toute souverai-
neté le *contrôle* de la production, au sens que les Anglais
donnent à ce mot.

économiques qui, de nos jours, se produisent sans elle et même contre elle, puisqu'ils sont dirigés contre le consommateur. La concentration commerciale qui se manifeste par la création des immenses bazars de nos capitales, la concentration industrielle qui prend la forme des cartels et des trusts, la concentration ouvrière enfin, avec ses institutions diverses, Unions et Fédérations aux Etats-Unis, Trade-Unions en Angleterre, Syndicats et Fédérations en France, Gewerkvereine et Gewerkschaften en Allemagne, etc., toutes ces vastes associations d'intérêts, impuissantes en elles-mêmes à réaliser la paix sociale, viendront se fondre dans la république coopérative universelle, expression de l'intérêt uniforme et suprême de la consommation *humaine*, de même que les grandes nations concentrées de la partie du globe que nous habitons finiront par se constituer en Etats-Unis d'Europe, expression du droit suprême des peuples (1).

(1) En ce qui concerne les syndicats, le ministre clairvoyant qui leur a donné droit de cité dans la République par la loi du 21 mars 1884, leur a tracé, par ses projets de loi de 1902, la voie à suivre pour sortir de la période stérile des luttes et entrer dans la phase de l'action positive. Jusqu'ici le syndicalisme a refusé les présents de la loi Waldeck-Rousseau-Millerand. Il a eu raison peut-être, car il n'a ni la discipline, ni l'expérience, ni l'esprit d'épargne

On nous reprochera peut-être d'abuser des conjectures et des hypothèses. Mais il est difficile de ne pas céder quelque peu à la tentation d'interroger l'avenir, lorsqu'on cherche en toute bonne foi à discerner dans le chaos et les ruines du présent, les assises de l'idéale cité de justice. Au surplus, pourquoi l'hypothèse, si féconde lorsqu'il s'agit de découvrir les secrets de la nature, serait-elle interdite à ceux que préoccupe le sort des sociétés humaines ?

nécessaires pour posséder et faire des actes de commerce. Mais lorsqu'il voudra en venir là, il se heurtera aux difficultés que rencontre aujourd'hui pour l'écoulement de ses marchandises la société en *copartnership*, livrée à tous les hasards de la production en mode compétitif, et il empruntera à la coopération ses moyens et sa méthode. La fusion ne sera plus désormais qu'une affaire de temps.

Déjà même, certains syndicats essaient de s'emparer de la coopération dans les villes où celle-ci est une force. Ainsi l'on voit figurer côte à côte dans le conseil d'administration de telle coopérative ouvrière (l'*Union* d'Amiens, par exemple), des représentants élus de la Coopérative et des délégués de la Bourse du Travail. Est-il besoin de montrer qu'une semblable main-mise ne peut qu'être funeste aux coopératives et tout particulièrement à leurs bénéfices ou à leurs fonds de réserve qui risquent de recevoir les affectations les plus étrangères aux fins proprement coopératives? Libre aux militants des syndicats de figurer dans les Conseils d'administration, pourvu que ce soit en qualité de *consommateurs* adhérents à la coopérative et élus comme tels par ses membres, mais non en tant que représentants de syndicats de *producteurs* qui n'ont avec la Société de consommation aucun lien économique direct.

L'idée est une force, étant un désir ; imaginer, c'est déjà, dans une certaine mesure, réaliser. L'essentiel est d'emprunter au passé et au présent les éléments du futur, ou, si l'on veut, d'avoir derrière soi un nombre de jalons suffisant pour aligner avec certitude la route que l'on trace vers l'inconnu. Bien qu'elle remonte à une soixantaine d'années à peine sous la forme que nous venons de décrire, — et qu'est-ce que soixante ans pour une institution qui porte en elle la promesse d'un renouvellement social? — la coopération nous offre la possibilité d'un alignement semblable. Ou elle ne mène à rien ou elle mène droit à l'internationalisme économique. La société coopérative, en éliminant l'intermédiaire, a pour fin une économie de ressort qu'elle ne réalise qu'imparfaitement tant que son champ d'action reste étroitement local. Elle atteint son but plus complètement, au deuxième degré, pourrait-on dire, par son entrée dans une fédération régionale qui supprime le marchand en gros du chef-lieu de la province, et au troisième degré, par son adhésion à l'Union nationale, qui permet d'entreprendre l'importation directe des produits exotiques et la fondation de manufactures coopératives. Mais si l'on réfléchit à la diversité croissante des besoins de la

— 74 —

consommation, qui mettent à contribution l'univers
tout entier, on comprend que la coopération ne
saurait en rester là. Tandis que l'industrie et le
commerce compétitifs sont contraires à la marche
naturelle vers l'unité, parce qu'ils mettent la concurrence des intérêts individuels en travers de l'harmonie des fonctions (1), la coopération, dont le développement échappe à ce grave grief, doit aboutir
logiquement au libre échange des objets et à la
libre entente des hommes. Comme l'a écrit excellemment M. Charles Gide, « les consommateurs
» réunis en association ne peuvent pas avoir
» des intérêts hostiles entre eux : ils n'ont qu'un
» seul intérêt, le même pour tous, se procurer
» la plus grande abondance de biens avec le moins
» de frais possibles : et cet intérêt n'est autre que
» celui de la société dans son ensemble et de l'huma-
» nité tout entière. Et c'est par là que la coopération
» deviendra forcément une école de paix, de soli-
» darité et d'harmonie, non point par la magie de
» quelque formule sonore, mais par la force même

(1) Le *protectionnisme*, né de cette concurrence, n'est-il
pas exactement en « économique » ce que la *paix armée* est
en politique ? Et la guerre de tarifs n'est-elle pas l'image et
quelquefois le prélude de la guerre proprement dite ?

» des choses, c'est-à-dire par l'identité désormais
» établie entre les intérêts particuliers et l'intérêt
» général. » (1)

VIII

Ainsi nous avons le droit d'affirmer qu'a priori et par définition, en quelque sorte, les coopérateurs sont des pacifiques convaincus. N'est-il pas juste et naturel que les pacifiques à leur tour se déclarent amis des coopérateurs, et qu'il s'établisse désormais entre les uns et les autres comme une entente cordiale dont il est possible déjà de prévoir les heureux fruits?

Au reste, les premiers pas ont été faits de part et d'autre et le pacte d'alliance, proposé aux Congrès internationaux de la Paix de Rome et de Glasgow, puis ratifié solennellement en diverses circonstances, reçoit chaque jour des consécrations nouvelles (2).

(1) Ch. Gide, *La Coopération.* (L. Larose, éditeur), p. 96.
(2) « Il y a lieu d'encourager les Sociétés coopératives comme un des meilleurs moyens d'arriver à la paix universelle ». (Décision du Congrès de la Paix de Rome, 1891).
« Le Congrès invite les amis de la Paix à favoriser, dans

A dire vrai, le vingtième siècle n'a fait en cela que confirmer une tradition qui lui avait été léguée par le dix-neuvième. Regardez dans le passé, amis de la paix qui lirez ces pages. Les théoriciens et les chefs de la coopération ont été en même temps des pacifistes d'avant-garde et le culte que nous inspire leur mémoire, l'encouragement que nous donne leur exemple est comme un premier lien qui nous unit à nos frères les coopérateurs. Faut-il parler des morts? C'est, en Italie, Francesco Vigano; c'est, en France, toute l'école fouriériste, représentée aujourd'hui par quelques amis fidèles des Destrem, des Potonié-Pierre et des Griess-Traut; c'est, en Angleterre, Vansittart-Neale et, en France encore, J.-B.-André Godin, fondateur du Familistère, deux apôtres qui furent deux

leurs pays respectifs, la coopération par tous les moyens en leur pouvoir. Il donne mandat au Bureau de Berne de transmettre cette décision aux divers Congrès nationaux et internationaux » (Congrès de la Paix de Glasgow, 1901).

Voici, d'autre part, la plus récente manifestation des sentiments des coopérateurs :

« Le Congrès des coopérateurs, profondément convaincu des avantages de la paix internationale, croit qu'il est possible de régler les différends nationaux par l'arbitrage. Il exprime donc sa satisfaction du traité signé entre la France et l'Angleterre et il espère qu'un traité semblable sera signé entre la Grande Bretagne et les Etats-Unis ». (Résolution votée le 24 mai 1904, au *XXXVIe Congrès de l'Union coopérative de la Grande Bretagne. —* Stratford, 21-25 mai 1904).

amis, parce que, dans leurs nobles âmes, l'idéal pacifique et l'idéal coopératif ne se séparaient pas. Est-il
bien nécessaire de citer les vivants ? Est-ce que
notre vénéré collègue, M. Hodgson Pratt, en Angleterre, est-ce que M. H. Lafontaine, en Belgique, et
chez nous, est-ce que notre éminent doyen, F. Passy,
qui en 1887 présidait le Congrès Coopératif de Tours,
est-ce que les Charles Gide, les Auguste Fabre, les
De Boyve, et tant d'autres ne sont pas à la fois pacifistes et coopérateurs ? (1).

Qu'il nous soit permis de terminer par quelques
faits. En 1887, au Congrès de Carlisle, M. de Boyve
faisait voter la création de l'*Alliance coopérative
internationale*, dont le programme : *Coopérateurs
de tous les pays, unissez-vous !* n'est pas de nature à
déplaire aux pacifistes. Le 24 août 1895, à Londres,
dans un festival coopératif monstre, un chœur de six

______

(1) Il faudrait joindre à cette énumération les noms de
quelques-uns des chefs du mouvement socialiste. Car le socialisme après avoir longtemps fait fi de la coopération, l'a
découverte tout d'un coup il y a quelques années, (en même
temps qu'il *découvrait* le pacifisme), et a entrepris, en se
l'annexant, de la purifier de ses origines « bourgeoises ». La
coopération, de son côté, prétend se suffire à elle-même et
réaliser, en n'obéissant qu'à ses propres lois, une refonte
sociale qui rendra inutile l'application des principales solu-
tions socialistes. L'avenir prononcera.

mille voix chantait le Message de la Paix, dont
voici le refrain : « Allons, frères ! unissez-vous,
cessez les conflits et la guerre ! Que votre ardeur
soit employée à faire de ce monde un lieu de délices
et de paix. » Tandis que les congrès de la Paix de
Monaco et de Rouen votaient en faveur de la coopération des ordres du jour chaleureux, ceux de Tou-
louse, en 1902, et de Nimes, en 1904, recevaient
l'adhésion du Comité Central, des diverses Fédérations régionales et d'un nombre imposant de
sociétés coopératives françaises. Enfin, dans un
congrès de l'Alliance coopérative internationale,
tenu à Londres en août 1895, le vénérable M. Ludlow
s'écriait, aux applaudissements enthousiastes de
l'auditoire : « Nous ne nous contentons point, nous
» ne nous contenterons jamais de cette coopération
» borgne, bredouillante, écloppée, qui se renferme,
» qui se claquemure dans des frontières. Nous
» disons que les nations ne sont pas faites pour
» s'entretuer, pas même pour s'entrejalouser, se
» donner à tout propos le croc-en-jambe, en matière
» politique, fiscale, littéraire, que sais-je ? mais
» bien pour s'entr'aider, travailler de concert,
» coopérer. » Nous n'ajouterons rien à ces paroles
d'un des vétérans de la coopération anglaise ; nous

exprimerons seulement le vœu que les pacifistes
empruntent aux coopérateurs leur devise si belle,
si simple et qui renferme en si peu de mots l'essentiel de la solidarité humaine : « Tous pour un, un
pour tous. »

TABLE DES MATIÈRES

Pages

I. — *Introduction*
La propagande pour la paix doit être positive et
pratique.. 5

II. — *Les causes économiques des guerres*
Autrefois... 7
Aujourd'hui.. 14

III. — *Les conquêtes coloniales et les guerres de débouchés.*
Elles ont leur cause dans une mauvaise organisation économique.................................... 16

IV. — *Les facteurs économiques de la Paix*
Circulation internationale (a) des travailleurs... 25
— — (b) des produits 31
— — (c) des capitaux 33

V. — *Les Nations, ouvrières de l'atelier de l'Humanité.*
La division du travail 34
La concentration industrielle : les trusts et la paix. 38

VI. — *La réconciliation des intérêts humains par l'entente des producteurs*
Le syndicalisme ou trade-unionisme : son but, sa
méthode, ses résultats. — Critique du système... 45

Pages

VII. — *La réconciliation des intérêts humains par l'entente des consommateurs.*
La coopération : le programme des Pionniers de
Rochdale et de l'Ecole de Nimes. La pacification
économique et sociale réalisée par la coopération
conduira à la pacification internationale 60

VIII. — *Conclusion.*
Utilité d'une collaboration plus étroite des pacifistes et des coopérateurs 75

Imprimerie Coop. LA LABORIEUSE, 7, rue Godin, Nimes.

IMPRIMERIE COOPÉRATIVE « LA LABORIEUSE »
9, rue J.-B.-A. Godin, 9